Kunona Kwakweema - Kuzwa Mukati Kati

Ushehwedu Kufakurinani

First published in Great Britain in 2025 by:

Carnelian Heart Publishing Ltd
Suite A
82 James Carter Road
Mildenhall
Suffolk
IP28 7DE
UK

www.carnelianheartpublishing.co.uk

Paperback ISBN   978-1-914287-89-3

A CIP catalogue record for this book is available from the British Library.

Zyakabikwa muchiTonga a Rev.Jeffrey Muleya antoomwe a Linda S.Munkombwe> lwakabalululwa a Rev. Jeffrey Muleya abeNkamu ya Tonga Language & Culture Committee [TOLACCO]

Cover:

Artwork - 'Honey Pot' (2024), by Samantha Rumbidzai Vazhure (Chitende Fine Art)

Layout - Rebeca Covers

Interior:

Typeset by Carnelian Heart Publishing Ltd

Layout and formatting by DanTs Media

Matalikilo

Buchi nchilyo chibotu chisungwaazigwa abasyaabusongo kabaamba kuti chilasilika mubili. Kuti walya buchi bulakunywisya maanzi. Pesi naa kwategwa yinka ukalyide nzuki tobiingi tulayoowa, ikapati kuti katutazweete zizwaato zyeelede nkaambo tulizi kuti tewayisaana kabotu nsolo yankuko kulaba mpuwo mbi. zilakunzetuula! Eezi zibaboobo kuti naa nzila yakulida nzuki kotaniiziba kabotu. Eezi nziizimwi nzimulikupakwidwa amukwesu *Ushehwedu Kufakurinani Chireshe*. Michelo inona zinyawintisya kumakosi, pesi nsilikusyomezya pe kuti naa wasala kulida buchi oobu tobuli kulumwa anzuki yomwe, zibili, zitatu naa zyiingi zitakusiile lumoola!

U. Kufakurinani

Table of Contents

Kusyomezya

Kuli Boonse balaluyando lupati ndubandipakwida nsiku asikati.

Kulisikubala Fesibbuku

Wabonwa sikubala bbukuchinso.
Tuti lyasunu ndizuba pati.
Wawujana mweenya wakubala kapeto aka kaniini,
Nzinono kwiinda nsima amakulu.
Ndamana kukabalulula kapeto nkinkedeaachuulu,
Olikke ulalibona koba aamibuzyo mipati.

Aabbukuchinso, mbuchi luzutu abeenzuma,
Katulanga zyayooyu azyayooyu nzibatupa.
Tobamwi mputoonena, mputulyida akulibbizizya,
Toona bulangide, katuyanda kumvwa kuzwa kubeenzuma
abayandwa.
Naa kazili zyaluyando mpawo mpuzipyida.

Iswe tobamwi tuzuwila mpawawo zyansiku,
Katuchikubuka,
Katuchisobana ntuuntu amaala,
Zyo zyakuchikolo loko, baOreto, baWanezi abaMzingwane,
Tulazyiiya zyoonse antoomwe azisiya bamwi kabali basululwa.

Ikapati eezyo zyakuchikolo
Tuyeezyania atala ansesya zyabaSyaanasulwe
Tuzuw' atala abayiisi bakalikupeekezya kuti tube bantuloko
Tuzuw' atala aalya mazuba ngitwakalikulobokela kuyoonywa
mabbodela
Neema, katujatwa mpawaawo twakalikuyooyibona inguzuuzu
yatimba!

Katulimpawaawo kabi abbukuchinso, tuliikupakwidana lusesyo,
Watachenjela ulaseka kusikila mane dokukavu kasalala,
Imwi mikozyanisyo wayilanga luzutu, ulabukaakufwa kuseka,
Zimwi nkani wazitalika kuzibala tochileki pe, ulaniomena
mulinzizyo,
Pesi teensi zyoonse nzeezi lemekeka pe.

Kuti naa kabali bazyazinyina, mane tazyaambwi,
Naa kaali mabbavudeyi, taalubiki kale pe,
Kochilyiibide abbukuchinso, ijwi linoswini 'nkoli!
Nikuba wasililubyelubye ajuunza mbubo,
Izuba lyasika nduwe nodidilika anga wakalibelekede.

Chakukondelezya achakubijila abbukuchinso zilalibonia,
Kulila muntu ulaziba kuti kulizyachitika,
Takuchikwe zitegwa tazinjili uyalila,
Nkaambo kale nyembaasalama twamufundil'abiingi,
A! chimwi chiindi nkokweenda kwamazuba,
Pesi tuchenjele kuti tatulisyidi mulindi.

Kuli amwi masena ndileeli bbukuchinso,
Libelesegwa abamwi basyaatamvwi,
Bana baniini balikunyonyooka kabachili tuvwanda,
Miyeeyo yakazula zyakulalana luzutu,
Naa bana banjila abbukuchinso zilikabotu kuti mubeembele!

Mubusofwaazi bwabbukuchinso ziyanda kusobana buchenjela,
Waleka kuchenjela, nikuba kupenga ulabona wapenga,
Aatapenga amukako, ulamusweekelwa,
Watamusweekelwa bukombi boonse bulamwayuuka akumana,
Atamaninwa bukombi ulakonzya kumana mali yoonse,
Watamaninwa mali,
Bwako buumi ulakonzya kubusiya koli wadyoomekelwa muli
bumbi.

Miyeeyo yakuchikolo - Kasyapu kasyapu

Ndayeeya myaka yakuchikolo,
Chimwi chiindi zindinyemya loko,
Ndati ndiwambuula mbuuli uuzuwa,
Biingi benu mulati ndaangalikilwa,
Aboobo yangu miyeeyo ndilamwaabila kiili tupeto,
Antela anywebo mulandaambila yenu atala ampuli zyenu.

Kuchikolo nsilubi pe eliya bbabbani lyamwaalumi,
Lyakatalikwe ngulinyitila,
Antuntulwa zyamenso,
Twakalikupeekezya kuti kaansinga mpali wakamubwezela mano,
Nguwe mwaalumi wakali kweembela balombe kumaand'akoona,
Mpaalikwaasama woonse kwakali kupatuuka luzutu.
Kumubona luzutu kayobweenda mumugwagwa
Walikuyuba kotakwe mulandu pe.

Bumwi buunsi kwakaba umwi wakasesemya zyiindilide
Utaakwe nsoni, uuteekezeli pe
Wakiinda zimbuzi zyoonse zyakazwide busena boonse
Ngoyo wakwaalundika antanganana mbuuli mpongo!
Naakati mwaalumi oyu wamuti mwe, bukali bwakabuka!
Bana bachikolo tebakachitilwa buuya pe
Wakeezya kuti "ngwani wachita ezi? Ng'unaa!
Mwani pasulu eyi ulikuli? Wiloo!
Aaliboobu mpali unga ulati ndime?
Eeyi mibuzyo twakazibula kuti iza biyeni.

Eeli dyaalumi lyakavundumuka abukali lyati tamundikonzyi pe
me,
Moonse kamulundene awa ndamululamika,
Umwi awumwi wategwa akombole kakwe kanambu ka pasulu,
Kasyapu kasyapu kapasulu yawulya wakalisesemya!
Twakalikomboola dwi lyakafusi kukuyolisowa,
Toonse twakazula bukali,
Pesi wakalikuchitilani?
Twakalyeetelezya obo buunsi basa!

Anywebo mutyeni ankani eeyi?
Mwaabona buti malweza aaya?
Lyoonse nindayeeya mwaalumi ooyu luzutu
Ndiyeeya nkani eyi.

Muzuzumina - Muunzi ulabukande

Ndime aano njobutanta milundu,
Ndoong'ayo Mulizyangu nyatela,
Yangu miyeeyo ilinyomede munkaba,
Antela ulabona twasamba mapenzi aanga mbaalikujatilila!
Akuzikombelo ndakali ndabuzyabuzya kumafada,
Bati ndeezye kukomba nkukooko,
Pesi penzi lyandinyonka mbuuli nsengele,
Bakumatongo boonse bandizi aakukkalila,
Mazuba miingi ndoong'ayo
Akoona bulambo loko nsibwizi, nkesyaambi lwelyo jalata,
Nawutondeka muunzi ulaabukande muBuleya,
Bwangu buumi bwaniomena mumulindi wamapenzi,
Ndazibona kazilimbubo kuyoyisunsikila kule kunkanda!

Mbuwalikuti landata

Ulanchobeni na mwanaamukulana wangu?
Kuti oobu mbubuumi mbuwayanda?
Buumi bwakuti choonse chintu, nkukumbila
Zilakachila akuswiilizya yabamwi mizeezo!
Usiyene aali amuntu ulimukabanda?
Usala kubuka kolede abuzuba
Lilazwa zuba kolijalilide,
Mane likabbile koliputilide
Uti buumi mbuuba kotubwene oobu?
Ani cho chikunamatide chikujisi aali loko?
Muntu ngutwakayiisya kusika kubulambo
Mabbukuaalwiiyo lwaajulu wakaalya woonse
Pesi kuti utedi njaanduule chinga chilandigwasya mbuuli bamwi taakwe
Mpoo bulaba buumi bwakulibbizya mbuwalikuti landata?

Mpawo kube biyeni?

Ndil' awangu mubuzyo bakwesu!
Ndakaya kuchikolo amabbuku ngaya ndakaalya
Ndakanjila mulizyanyika
Ndachitwa mweendelezi wamikowa yoonse
Ndayipanga mali iitegwa nimali iitakwe naba umwi uunga uliijana
Ndakayaka maanda aayilinkene
Pesi me nkewoona mumawotela
Bakayintu ndakakwata basika kumusanu awumwi naa kwiinda
Bana ndilibyalide chisi choonse mbuchizulwa
Eezi myootokala ndeenda ayakawulwa jilo
Mpawo kube biyeni?
Lufu luleelanisya.

Nsandulo

Ayebo wayindilila kumulelela aamupa!
Nikwali ndime ambeyo twalikumaninsizyania
Azyiindulula juunza
Musandule, utawumuni
Umusandwid'apati
Kachigambide kuti ani zyatyeni sunu?
Iwe uzwe wamuzima bongo
Umupe banyin'ansandulo iitasanduliki
Alikke ulalibonena kuti kwabij'awa.

Twanyontooka ngatwanyontooka

Bakwesu mundigwasye kulumba
Buumi bwangu sunu bwangweemuka
Mamama balikubbindawuka kuyanduula mali
Twakatolwa kuzikolo watuzulwida Leza
Bayi batwaabila bukamboni
Luzibo lwabuumi bakatupa, alumwi lumbi bakatupa
Kulilimwi bbazu banene abalabo balikututumizya mandongo
Chimwi chiindi balikwapiilila saansi
Ani tulaziba biyeni kunze kwakuti twakazunda
Naa kakuli kuzwidilila tulikufumbatide amabok'esu.
Takukonzyi kutupuzuka, aawo tulakaka.
Nsikooti ndasika kale pe mpawo loko
Pesi aawo mpundaba, nee nsinyontooki pe
Twanyontooka ngatwanyontooka.

Ibbiyo

Ime ndachedelwa, yandijaya nzala
Leka ndiliyambwiide kasima
Nditontobeke nzala yangu
Ndifwambaane kukuwambuula nkesinafwa

Nkako kalongo amasuwa
Ngoyo mulilo nduusosela
Buniini buniini fusu
Buniini buniini fusu
Ndasikkil'akuwaalila tuyokoyoko
Buniini buniini fusu
Buniini buniini fusu
Aa, zyabaanga zyachita eezi!

Ani nchechilinda niinzi?
Ani nsa ndime, busu mpu!
Ani nsima ilakachila na?
Ani kalongo ulaali?
Njanduule njanduule, taakwe!
Uuu, zilandikataazya

Ndakopelela busu, taakwe kusima
Kwasisimesime, ndijane bwiisiya buniini
Buniini buniini fusu
Buniini buniini fusu
Kuneelela nkukwachamuntambwe

Chiza chiyondijana kunembo
Busu fwalufwalu
Ime yambu yambu
Ah! ani telyababbwe
Wo makoto mbuuli ndajisya mavwinga
Bakwesu nzala yali yandibeleka
Ime nsima nkemu, mpwaki mumulomo!
Beenzuma ibbiyo talilyikki
ABboki walibbizya kayilangide aameso
Mulibwako buumi ujikaanzi?

Uuzi

Ulyaamba kuti ulizi ngalyaambe
Ooyo waangide mampang'abuumi ngwani?
Ndati uuzi zyoonse ngwani?
Uuti taakwe nchatazi ngwani?
Ani kulyuumunizya nkwanzi? tamundimvwide na?
Mwalyuungumania, ani teendabuzya zitamvwiki pe?
Iyi kabi ngalitukumike ooy'ulyaamba kuti ulizi
Tuyanda kumuziba tumukotamine
Tumuzibe tumuchite mwaami wamikowa yoonse
Iwe noolichita uuzi
Nchotazi nchakuti tozi pe kuti tozi

Kujata bamanyenya

Na katujata bamanyenya
Kulinzila iiliwo iibelesegwa
Tulayanduula kantebya kateteete
Tatwaanzobwezelela pe
Takeelede kunengetela loko pe
Nkaambo kalakompokela mumulyungu wachuulu
Alubo takeelede kuti kayumayuma loko pe
Nkaambo ulabona kakaka kutobelezya mulyungu

Tatwaanzobweza akubelesya chisamu pe, peepe
Bamanyenya teensi ngulube pe noluundu, mbaamanyenya
Tulabweza intebya lyesu tulitetye amate.
Bayanda ngabalinyeelanyeela buniini
Mpawo twalisyomeka mumulyungu buniini buniini
Twasyomeka, tulalindila buniini kuti bamanyenya balume saansi
Langa mulongo wabasilumamba naa twalisomona
Tubawaalile mumungomo
Sunu tuluma minwe abunone!

Lyangu ijwi kulinduwe liti,
Na koyanda chintu chijate anzila iilinjiyo!

Kuumuna nkwaambuula

Wabona waambuuzya muntu
Walo wamonya mulomo biyo
Wasi kuya kunembo kasowede mukosi aanga takumvwide
Wiindulula lubo kotajani nsandulo
Ziba kuti nsandulo wayipegwa kale
Ooko kuumuna kul'anchikwaamba

Ukumbile muntu lulekelelo
Wenya kalokunduuzy'anga tawope
Uminingane, woombe
Dokuzwa fulu kuli kukakatizya
Pesi we kaatakwe nchaamba,
Ziba kuti mpuchili chaambwa

Ulimubiingi bantu kulikubotelwa
Ayebo wati inandibachisye tumano
Wamaninsya muntu woonse zwii!
Bamwi nkuyandoobiluula nkoto zyameso
Bamwi tabachikulangi
Ziba kuti ooku kuumuna kul'anchikwaamba

Mumwaambwiide
Wenya kachitaanga tawope mpumwambwiida
Pesi wakwe mulomo kawusumide
Ulabona mwayeelela kuti nchizeenwa
Kuti mwateelelesya kuumuna kwakwe
Mulabona kuti kul'anzikwaamba

Wiinkilile kunembo kumulembela majwi aaluyando
Kuliyeeyo *iwasapu* njibaamba
Umwaambile akuti ang'onzi tochiziboni
Anchoonzyo kotachooni pe
Nkulikataazya biyo nkaambo insandulo wakiipegwa kale.
Nkaambo kuumuna nkwaambuula.

Mukulana Malyamalya

Ndilayeeya katuchikomena, katuli tulombwana
Twakali twayinka kuchikolo,
Twakali kuyiisigwa atala azyamaBboyi Sikkawuti,
Twalikuyiisigwa kupona katutalyi chukka naa munyo
Katuzibizigwa buumi bwamusokwe
Katuyiisigwa kuyaka zivututu zyambalo
Katubotelwa zyiiyo eezi
Nitwakaboola kumuunzi twalikusobana ntuuntu katuyaka
zivututu zyesu

Nikuba boobo bakali bapati kulindiswe,
Aaba wakalikubazunda boonse ngu Malyamalya mwana
waChipikili,
Ooyu mulombe wakalikuyoosya mbuuli mujayi.
Iswe twakalikumuyeeyel'anga mujayi kale
Tawope wakalikuujula chiindi naakali kwambuula
Busyu bwakwe wakabedaanga wakachumbidwe kalongo katele
Twana twakalikumubona twakalikuupwaya mubila zifwisya nsoni
Nguwe kabi wesu mukulana wakalikuyoosya.

Alakwe Malyamalya wakaliyakide kakwe kavututu
mwaakalikusaanina abeenzinyina'
Ime amweenzuma Nsunsumane limwi zuba twakayeeya kuti
tubeempye
Zuba kalitwa mwaaba, twakalulama nkubakali kwaamba,
Twakaakujana kulaaseme, maa mpul! twanjila muvututu
lyamulavu
Ndiswe, amweenzuma tuchisunsumana biyo kuti tulisembe,
Mpawaawo twakamvwa majwi abantu bambuula kule-kule,
Nitwakayuna twakajana nguSibbuku abantu bakwe!
Masusu akanyanyamuka amyoyo yakazwa
"Tatuchiwope, ndiswe tufwide, twaba nyama yasuntwe"

Ime ndakati, "Nsunsumane, ani tulindaanzi,
Maboko ngaya ndilawo, ifocholo ndindakapegwa aLeza
Ndakaayola akwaavwililisya ooko!
Twakagwasyania aNsunsumane, imyoyo kiilikwidana
Nkuko kabi kulya nteme zyasinzala ooku!
Twakafwambaana kuliwaalila aanze, twakabuk'akuti gwagwaalala
"Mbiyeni mukulana Malyamalya"
Twakamwaanzya aamulomo luzutu maboko mbaakali kuti bba
kumusana

Myeezi musanu ayine, Myeezi musanu

"Ninchobeni na kuti Leza uchilimuumi?"
Nindayeeya nzindakiinda mulinzizyo, amwenjila, ngandalibuzya
"Ani bwangu bulowa bwakanunkwaanzi bakwesu?"
Myeezi musanu ayine, myeezi musanu
Nkaamboonzi Simajulu, naa ndayeeya buumi bwangu ndisikilwa
mubuzyo wakuti,
bamwi ulabaswiilila?
Ime ulandimvwa na undiyubunwide zisisikene?
kuti myeezi musanu ayine, ilaamyeezi musanu?
Iyosyoolezya aadilwe,
nkekkala bulibambilide, oobo buunsi bwakulila
mpundakali ndati wandiyeeya, mukundizulwida
ndakubweza, ndatonta ndaakusik'akumyongwa, ndakalindila
ndakiimvwilidi njiyeeyo myeezi ilimusanu ayine, myeezi
ilimusanu.
Tee mbuulikuti twakabotelwa katuti twachitilwa luzyalo?
Aano kwakali kutaziba <u>nsamu</u> (it's either ng'ondo or mpalo)
njuwatweetela
Kuti kumamanino amyeezi musanu, tuzosyaala amululwe wabukali
Myeezi musanu ayine nkebwezede
Myeezi musanu mwana kayenda ano aansi!
Leza kuchita kwako tatukumvwisyi pe
Inyika tiikkuti pe, nchobeni eezyo tulizizi
Pesi kumena kasalalila kali bobuya kututesula mumazwi.

Ndayisinda misozi mumaseya,
Bulangilizi bwangu nikuba kuti zyaba biyeni nsibusindi pe.
Nindiyeeya Ulaaswebo, keela kangu
Wakali chipanzi chabuumi bwangu.

Nyika yapindimuka

Kubona twatyeni azyaba munyika?
Kubona twati nkusanduka kwamazuba?
Ani niinzi loko chamena nyika iino?
Kuti tulati nzizyo nzibati zyalino?
Bakubusi tabachikwizi kutegwa bapati balajuzigwa
Takuchikwe chitilimuna naa kugambya
Banakazi lwabo bayandisya babbuniu bazizwaato
Abalabo baluumi bati aswebo tatusyaalili!
Ulamvwa kakutegwa kuli bumwi busena mufundisi wavuntila
Kumwi umvwe kakutegwa bamwi balikubwezana mikozyanisyo
iipekuula kabalikoonana
Mumayuwe umvwe kakutegwa mulange buumi bubotu!
Nchobeni bafu balizembedwe, balifutide abukali
Balikusanduuka akupindimuka nkabela abwesu bupempa.
Basimbi balawuzya mibili mbuuli matamatisi kuchisambalilo
Bachite buti mbukunga abalabo mawumi aabo ayimvwi manaka-
manaka
Balombe tabachiyoowi kulibotezya muzintu zitentuusya pe
Bamwi bachita chakukwatana amanying'akabanyonsya
Mamanino malwazi ngaaya abbebba!
Sunu tweend'anga tulisimide, pesi mukati twakaboba
Wafubaala ayebo ulawida, ulaziswaana kazitolana ooko.
Juunza ayebo wooneke wako wakusule mbuboobo.
Kabi tulayoowa nyamayi, tulichenjede.
Tupona aanga tulisimide, pesi katuli azyiingi zisisikene
Zyanchoonzyo naa nkelangide nyika yanyonyooka?
Zyansiku zyakuyanda kuzibisisya zyabunda, tazichibonwi.
Sunu ndilulama kugubi ndamaninsya.
Mukamwana wabaama ngoyu ndamweeta,
Eezyo zyakuti kasambabezi nzyansiku!
Bulyidilano bunikide tabuchikwe kandemo.
Kubbukuchinso beenzuma mbiingi kwiinda mayila aazuzya saka.
Baama, ndeende asyaanene baabuswaanwa nkukooko
Simalelo wako, wusozyala abanyokozyala bachita chakulyidilana!
Kulikabotu mulongezyanie ani ndatyeni me?
Nzyakulanga aames'ezi, ani mebo mbwebede oobuno kubona
ndachitaanzi?

Mputwakali twanjila

Makumi aabili aalamusanu aatatu katuli twajana kulilela.
Chisi chakanjil'atanaanjilwa mumanyika woonse
Tobantu twalikweenda miyeeyo kiital'amwi pe
Kujata mali kuseni, sikati yaba kapepa biyo,
Wakalikumana mweezi mwana wabulongo kalikuzwa nkasaalo,
Pesi aakufola, mpaalikumyongwa nchobeni,
Kwakali kulumbwa nuwaboola nkuwabede,
Kukuboola wakalikujana muchova watanta
Kamali nkuwalaako kakatachizulili!
Naa kutegwa mungwimba wamuchova takukwe pe,
Kuchito chabaJataawa tekawalikumana pe.
Bakali kuvuzya kubikka zivututu zyabo aanyonena mugwagwa
Zyoonse ziyandikana kazibulika, aawa zyakali kujanika
Wakalikumvwa kuvwiyavwiya biyo kuti, "chambuula nimali yako
biyo"
Yalikuzwa mali eyo kiili njiyalikubulika?
Nikuba kulibaabo bakali basimilimu iipa mal'iyoosya
Zyakabaloka nkumba bantu biyo
Abaya balikufusa bayiisi amabwe kuzikolo
Mpawo mpuwalikumvwa kabati, "bweete tubusinye iswe badokulya"
Pesi bamwi bakali kubusinya boobo bakaliyiide chikolo chabo
Bamwi mbaabaya bakuzochita bumpokoole
Mbubakali kuseka bantu kuti buchitw'azifubafuba
Teyakachili nkani yazifubafuba muchikolo pe
Aaya mazuba kulindila kumana kwamweezi
Nkuko kwakali kwaba bufubafuba bwabuumi
Mali yakanoonga ilimunkomo teyakalikwambuula pe
Kuti mebo ndapokoolwa muzikkutikkuti
Bamwi balikuyola twabo akuzwa muchisi
Kabaya kukulangila kamweemvwe mutate kulizimwi nyika
Pesi kwakali kuyanda zyakutangun'azyo
Nkaambo taakwe kutaakwe zyako pe!
Ndayibalukwa mputwakayinda
Akali aayumu basa

Ngwani wiimvwi aakasimpe?

Naa koli mutal'alwizi
Inga tochili mutal'alwizi
Bankuko mbibanga bazooti nkuwazwa nkuko mutala
Umwi twakalangana kalikutondeka kuli lwakwe lumweensi
Ambebo nketondeka kuli lwangu

Kulumweensi naa kululyo zilasanduka akaambo kampoyimvwi
Nikuba kulya umwi lumweensi lwakwe ndolulyo
Pesi kuli umwi lulyo ndulo lulyo.

Umwi uti chakataanguna kubawo ndiji
Awumbi uti, peepe ani ji lyakanigw'anyamayi?
Zyoonse nzyakukazyania, pesi zitupaanzi?

Chipati nkumvwanana mukuleyana
Toonse tulimukasimpe mukubeja kwesu!

Kaka kukakwa

Wakali wati wamujana ayebo waamoyo
Wakalipeda wati mpawo aamaninina moyo
Bakabusobana busimbi abulombe antoomwe
Luyando lwakayaka, taakwe wakali kuti zizoyinda aambi
Wakalikusyomezya kukupa ijulu anyika
Zyakazoya kuli katwaambuula oobu sunu?
Nkuko kabi kwali kuchita kwaluuni
Kunwabilila balyiibide, batandabete
Lyakazobusya mutwe lyavuntila moyo wako
Ndati sima, misozi sinda
Kaka kukakwa!

Kaka kukakw'abuumi bunono
Utalitakati koti taachikwe changu
Kaka kukakw'abuumi bwakulilyidilila
Utatengwani zyakulibbizya kolede
Utaswiilizyi zyaamba luundu
Kaka kukakwa abuumi mbuwakalibambila
Kolomona kulyuumya mutwe, ukolomone kwaangalikilwa
Kaka kukakwa!

Uulya mpati leka mboole ndakabisya,
Nee ulamulekelela pesi wakwe mweenya wakamanisya
Wamutambula wazuminana achizeenwa
Nikuba kakutegwa kulindinywe ng'ombe ziluunjila kazisyankene
Utayindululi kulyata mpuwabona kuti kulapya
Mpozi lwako nomwini kuti alayoosya
Wabwezana awe wazuminana aakubula maanu
Unooli wakakw'abuumi bwabusongo
Kaka kukakw'abuumi oobu

Ndeezuuka: Lugwalo kuli Noone

Noone walubulukila limwi,
Kulubuluka aanga misozi yanzoka, nkwaambisya na?
Kuzwida limwi kumuunzi, taakwe nikuba ijwi
Utachiti boobo pe muyandwa wangu Noone
Anzindakakuchitil'apobwe lyakuzyalwa kwako undichite boobu?
Ani chisyu amatamatisi nzindakati Museke ayete tewakazibona
na?
Ulizi ndeende a abaama bakakuziba
Bakabona mukozyanisyo wako uulya nguwakazwa maboko luzutu
Ndakati oyu ngumukamwana pesi mukozyanisyo wabusyu
bwakwe ulasika oobotu
Okuna kuJoni ndikuswaanizya tuseleni, zilachitika luzutu.
Ndakajana mumpata wang'utaakwe uuzi pe!
Ndikwiinda zintoolo zipati amuulo
Ndikuula kulimbabo amyuulo yabo yakusontoka
Mpawo ndaakuzya amuulo uselukide

Kkkk, tabandikonzyi kale pe me!
Mweenima Songola nguwe wakandipa kamali kabbindawuko
Zintu tazyiimi, mpundati chinkwinini balazinyangana
Ndibwene nkezokubweza mputakamanine munyaka Noone
Ndeende aako kubona wakaka kuti nzoobeleke kumuunda wakwe
Nsiboni kakaka naa waziba kuti ndimeni
Ndiswe twakagobbola inkanda yaKalahari kusikila yangendemuka
obuya!
Mpotasike ookuno taakwe penzi ndotabe aalyo pe abuniini
Machechi aakokuno mabotu ulizi
Tupegw'akoona akulya mahala
Wasika tuzookkala antoomwe abamwi zitaduli pe
Ya, njiyo itegwa cheechi eeyi
Peepe ooko kumuunzi macheechi nkwakkiigwa
Amaanzi woonse alakkiigwa
Zimbuzi zyabiingi zilakkigwa nikuba mudolopo loko
Okuno nsikataaziki pe atala amaanzi naa chimbuzi ulizi! kabi
ooko ndakazowangwa abakapokola akutila maanzi
Kwategwa ndaangilwa pabbulikki ulineting!
Nkokutyeni ooko, babba bakamana na?
Ndakaakubuzya mupati wankamba ime lwangu
Kuti njiili pabbulikki ulineting iilimbubo-mbubo?
Njindakali ndaangilwa naa yakulisubila mubulukwe?
Yakulisubila mubulukwe yalikuyanda kakuwa mvula
Lino kwakatedi ngwenndemu, kalitwa mwaaba
Nikuba nduwe lwako Noone ime ndibe chisesyo chaluundu?
Zyaambwa wazoti ulandizumina lili kabi chiwitimoyo?
Ndilindile minyaka iitatu na kuti uzotedi mbubo?

Ng'onzi

Chiindi nekuyanduula,
Iwe mpawo mposenkemuna luno
Bamwi baliswiilizya babbila,
Iwe mpawo mpondiyuba.
Mumantebya asinkide mumo monjila
Ndakoobol'anyamaanzi muzivututu oomo?
Asunu wayindulula kundichija kolulama nkukooko
Wandisiya aBukata aMutumbu,
Ndakasitume Chikkokkiyana kumantebya,
Wakasyeezye wakachilwa
Jilo lubo wakandiyuba
Wandisiya aZikwelete aKubula
Mumviki yayinda wakandisiya aLenti
Mweezi wayinda ndakali aBulwazi wakazooza aLufu
Lino ndilafutuk'aliboobo?

Elino sikati loko ndalikubwene
Pesi wabuka akuti vundumu, wabbila!
Wandisiya aSunu Taakwe busu!
Tondeeteleli biyeni iwe Ng'onzi?
Taakwe buunsi mbondiswaya aNdyabukkede?

Kawuka aka

Naa kotanaaswaanan'ako tokamvwisisisyi pe
Bakalela mbuuli kankala balakugambya
Bakafusa mabwe mbuuli noole balakugambya abalabo.
Iwe awo tosaanini afwiifwi ankako,
Zyako mbuzolane bwaajulu-julu kazimanina mpawaawo
Pesi oobo buunsi mbuchitazokutedi nka! eechi chuuka
Chaabbizya kabotu meno aacho munyama ntete
Mpawo mpotazobone kuti topampukide pe
Awo unooli wasanwa ayebo yako nsolo
Koli umwi naa chakujata izwe watobelezya
Uswiilizisye kuti chiyanda kuchitaanzi
Wayanda kuchita zyakupupa kwako kumanina mpawawo
Utalichiti kuti ndiswe aabaya batachitwi oobu,
Akuti kalakonzya kukuzavuula-zavuula
Kalakonzya kukusyambuula usyaale kotachilangiki pe.
Amwi wakaswiilizya zilazwida aambi,
Amwi milandu yako ilamanina mpawaawo zikweendele,
Kawuka aka nkabi pesi kakali kabotu,
Aka kawuka kategwa LUYANDO.

Sinsimuka

Bbwazula ubone kunze
Langisisya oobotu, tokubwene kuti takuchikwe chako pe aawa?
Unooyimvwi aawo kuyoosika lili?
Tokubwene na kuti wajatisikwa bbwe?
Wasiigwa chiindi mbuwalikuti lwa meso,
Uti kuchili chako na aawo?
Ayebo nga wiindilila kuyandisya tuntu-tuntu
Wakachilwa na kukkutisikana antolaato?
Lino mwaba musanu kamujata luuwo
Sinsimuka ubone kuti takuchikwe chako
Mpaanjila mpawaawa wazw'ayakusule
Naa koti ndabeja njila ulange
Wayoowa kunjila akutayanda simpe
Wasaanwa mpya yamudolopo
Kuti twalangisisya teempya pe zwayo
Basyaamabba bayola mbulinduwe mwamaninsya oomuno
Mulalyida mbuuli nswi nkaambo mulilede
Mulilede nkaambo tamuzi pe kuti manguzu aleneena
Zibotu zizwa mumitukuta
Aako maboko aayo ngawo aabeleka
Peepe kuchita zyenu eezi zyakuti tulilizi dolopo
Nzezyo!, uuzi ulikuli?
Mbuwalikwaati bwalu meso mbuuli chibezwa
Wabelekela donki lyakabola
Nzuwakafunuukila munyaka woonse lotee
Kung'anda mpuli iyotalikilaali?
Iwe kwiinka ukasiigwe aani?

Tuteedeyeni?

Zimwi zintu nchobeni zibula mabala
Pesi nikuba kuti zyatyeni taakwe chitamani pe
Buumi buleezya kukulakavula
Lukondo loonse lumwigemwigwe
Pesi tutyeedyeni?
Tuti chivulo wamabwe chilayinda

Ulaswaanana antotamvwisisisyi
Wako loko moyo ulakusweesya
Aawa uyanda kujatilila
Aalawo aawo uyanda kunamatila
Tutyeedyeni?
Tulyuumunizye zwesu zilayinda

Ngoti nguwe ngul'afwiifwi anguwe
Limwi zuba ulabuka katachili nguwe
Mpuwasimujuzye wanyundula mulomo
Tutyeedyeni?
Tuti chuuluka chilakkala lubo aansi

Ulakonzya kuba aabulangilizi nchobeni
Ubone zyoonse kaziliikuzwa oobotu
Pesi mbuzizooti nzwee!
Zyachitaang'awa woonse kwali kuliseenia
Ngatutyeni?
Tuti utaboli moyo

Limwi zuba tolimvwisisyi nzolinzizyo ampobede
Wazoti niinzi chiliikuchitik'alindime naa kulindime
Woombe koyanda kuziwaywida antanganana
Pesi ukajinkile mukuloya misozi koliikulila.
Ngatutyeni?
Tuti lila kolaabulangilizi

Nzyameso

Zimwi zintu nzyameso
Mulomo suma, ulesule mukosi
Mawulu dyunkula uwaalile ntale
Maboko vunga atabeleki pe
Boongo ziilizya kusikila bufwe
Wachita boobo ulilyide zwako ameso
Kosangalikidwe zwako, kosowede muchila
Ulalya kusikila kumoyo kwasiya
Wayanda kuti amaboko teente!
Wayanda kuti amawulu chenjela!
Wazoti ina ndiyeeye, yafwa kulinduwe
Zimwi nzyameso biyo
Wayiy'echi chiiyo
Wanjila chikolo chipati chabuumi!

Zumina

Woonse uyanda kutegwa mupati
Uyanda kutegwa syaazyoonse
Kotegwa nduwe mupanuna malundu
Zumina ayebo kuti mpubali bakwiinda
Tawope uuzi zyoonse aans'ano
Wazizumina mpaw'atangunina maanu

Naa watonta chintu kachiliikukaka
Watontela kooku watontela akooku
Tutanguna katuchiti kocheezya
Naa kutonta ooku kwatonta nduwe,
Ngatubuk'akuti zumina
Amwi teewelede kuti utonte
Chilamana chiindi koli kumana chiindi

Zumina kaka mweenima naa kwamana
Iwe ulikubona kuti tamuchikwe
Ubumbulusyania aambodela mbiibede mulwaanzi?
Peepe kuyoyanduula mananchisi mumunego
Amwi wajana aayo alakubelekela
Ambweni tulaajika tuchite musinza wiinda wananchisi
Naa mbuwalikulwa amunego nguwoyo, chiindi choonse eecho
Chiindi tachikulindili pe, aawo ujatisisye.

Kkuni

Nuwalibona kalinikide akunyinyima
Ulati aawa mpaamanina kuulu
Ulakambuuka, ulile mane uchimwe
Unooli kotachikonzyi amachise
Aawo linooli lichili pya, abulowa buchiboboma,
Pesi walijata kolifumbatila kuti talizuzi
Kolibika toonse tubikwa kuti lipone,
Inzi azimwi kolikasya
Mukuya kwachiindi kulayuma.
Kkale-kkale wachita kuti lyabambubo-mbubo
Aawo nikuba kulyata unooli watalika kweezya
Leka kubuka aakuti galu kuchijaana
Lekela ndiswe aabaya basyaanzeba
Ulapatamuna zilede, zilyuumunizizye

Kkuni lilakonzya kupona, pesi kkwabbululwa talimani
Nchicho chiibalusyo chachakakuyaside
Akuzisamu ooko tochisiki,
Angawachita chakwaambila bamwi ayebo kuti leka zipone
Nkuko kuchita kwankuni
Ulasyaala wapamuka aakulyata mawulu
Aawo mpuwakazoob'abeelyo tee wakali wachenjezegwa?
Pesi wakati syaankalibonene kulwiidwa nkutani
Wazwa wanina mutekwa
Eezi zisamu tazikwe uzinyukula
Juunza zizoyasa uumwi lubo!

Sikupa aSikubwezela

Kuchita kwenu Simajulu tawope ukumvwisisisya
Ndinywe Sikupa, ndinywe Sikubwezela
Mwakatupa ndeende abaama, twati zyabota
Kkale-kkale ndeende mwakabweza katuchili bavwanda
Baama bazosyaala mbabo baba ndeende
Kuti tulye, tusame, twiiye, tuzunde mbabo
Balabbindawuka kabeenda zitukuta abulowa.
Bajata eechi bajata eecho kabayanduula mpindu,
Kazili kuzumina nchoonzyo akuti ndinywe uuli Sikupa
Pesi ndinywe lubo uuli Sikutubwezela ndeende wesu?
Twaambe kuti ndinywe na nimuchita machitilo aaya?

Ndeende mpubakabwezwa nzubo zyakati nziche
Zyakati andiswe tuyand'afwiifwi tulasyaalila
Buvubi bwamana zapu-zapu,
Mootokala, eechi acheechiya bakabweza
Baama bakati nsikoolwa pe ndalanga kuli Sikupa
Pesi Sikupa nguwe lubo Sikubwezela na?
Kubweza nkokuti ape, akupa mpaabweza?
Twayanda kutobelezya mabambe ayelede kuchitwa taakwe chizwa,
Tulumba biyo baama mbitwakapegwa,
Balalwisya buchete iswe tobana zyazwa zyatubotela

Tuyubila kulindinywe Chilenga, Sikupa
Tuti mupe baama besu buumi bulamfu
Mubape bulemu buteeli kutowa basinkondoma
Mubape kusima akuzunda kuli toonse tunyongania
Sikubwezela, mubweze buchete boonse mbubuzulwa
Nikuba kuti ziyume biyeni Sikupa balatupa

Utasyaali

Yasunu nyika iyanda uupampukide uubbwazwide,
Mputwalikubbant'amawulu sunu twabamunsangu,
Iwe wakkala kolimumawulu tulati wasinsimukilwa
Mputwalikweenda ansangu, twachilakweenda bukkede
Tazichiyandi kunangamana nyendo ndamfu amawulu
Utabi nchaalizi.

Luzibo lwasawukila ziboneka aboofu abalabo
Aalya mputwakali kuchita zyakumvwa abazwa mutala
Kwalino twaakuliyandwiida lwesu atulika aaGubi
Iwe nduwe utalisalile zyoyanda azotayandi.
 Mputwalikweenda achisakatila chamabbuku,
Lino nkuwaalila biyo mulugwalomulilo
Ulabweza nyika yoonse yamabbuku munkomo!

Luzibo lulizwide aaGubi.
Aalya mputwakali aabakali bazwa kunzaanyika,
Lino twabuliyandwiida atulikke mubwiingiye.
Webo wabusaluuzya ntuyanda antutayandi
Lino wabuwaala aaNjobolamakani,
Wanyampula nyika yoonse kunkomo!
Utasyaali nuuyandwa.

Lino nkulilemezya kuchita ntunda azyajilo
Bbaibbeli lyako munjobolamakani
Misyobo misyobo yamabbaibbeli munkomwe
Nkukuti kweendelana aachiindi utachaalili mujwama
Utasiigwi aachiindi
Kapati naa chiindi chakupa mweenya yakubaansya zintu
Bamwi tuyanda koomba mali,
Kututi zipya zitumana nkomwe
Nkukutaziba ooku,
Balaluzibo baamba kuti "chilamuulo uulaansi chiladula"
Nutazozibe kuti chiindi nimali
Nutazobone chiindi nchutazoswekelwe aacho,
Mputazobone kasimpe.
Utachaalili mweenzuma.

Woonse uti yangu njiyo mpati

Bamwi nga mbukutabe bantu biyo wiigwisya kale.
Welemu antanganana kkangalala,
Wazolisola-sola kwategwa mundilanzye ambebo
Yangu yazwa yiinkilila kunembo kazyiya ooko

Umwi alakwe ulapunununa wayanika
Wati kunzubo zyakwe amubone nzebwezede,
Tamundimvwi na nobakulindiswe?
Ooku kakuli nkulila
Kuti yakwe njiyo mpati

Umwi uti ndilaabana babili kuchikolo,
Bayanda zisiyene-siyene zitazulide.
Misunko yabo kuchikolo tinaabbadalilwa pe.

Umwi nguulila kubula musimbi,
Bwana-bwana, zipamba lwazy- lwazyo
Pesi boonse zwabo bakanjila chikolo.

Umwi uti wangu nguwe alikke
Mbaalikuti mbwatata kung'anda,
Chikolo waka kaka, ndikkumbatabulambo

Umwi kati wangu wakamaninsya chikolo,
Wakalya mabbuku waamana,
Pesi ulilikkalilide milimu yankuko iyanda kuziba ngozi.

Kwaba umwi uti ime wankuko mulimu ndakasiya
Nikuba zyakweendeenda zyazimaana
Kuzwida aakalichisila keela kangu muntenda

Umwi ulikubula chakubapa mbabaabo babili,
Mansiku asika tawoni kayezya kujika mabwe,
Kuti amwi kulazwa musinza bana basunsa.

Umwi jilo loko wakasweekelwa musaanyina,
Umwi ulii kutukumuka bula
Pesi kuli umwi uliikulilila kubukata.

Taakwe uti yakwe niniini naa kalanga

Woonse uyeeya kuti lyakwe penzi ndilyo pati
Chebuka kotanaalila ubone kunze
Ulabona kuti mpobede mpawuba loko,
Kuyooya nkukooku mpaali utachikukonzyi pe!

Bbibi lyamulilo

Twakatanguna kukunka bbibi lyamulilo
Tupepa atuyokoyoko twakali twajata
Walikumvwa kubbolooka-bboloola kakuli nkuyaka
Taakwe wakachili kuyanda kalavu kamachembele,
Woonse walikuyanda kuyota bbibi eeli.
Aaya maboko asalamina kumulilo, masyu ngwendee
Nkuni zyambilima, ooku mazuwo ati tatusyaali
Chiindi chiyabweenda kumbilima kwawosa,
Kwaba chikwelele kwelele afwiifwi
Kwiinde kayindi biyo mulilo ziluu,
Luyando nguwe wakaya kukuyobunga-bunga tuyokoyoko aanze
Ma!, wakakweeta mabbuku aakuchikolo aachiindi!
Mulilo wakabaanga mbubo pesi kwachiindi chisyoonto
"Muleke tusikke maseketi ang'anda eeyo yakayakunuka!"
Ngu Mbweedele wakali kwaamba boobo
"Lino twazooyanda kuyaka iimbi nga'anda tuzootyeni?
'Ani ngatunjile musokwe tuyanduule nkuni?"
BaMajatane abalabo bakayanda kumvwigwa mbubayoya
Toonse twakabalanga twalanganalangana mudima ulaanze
Ooko akulike kwakaba kusandula kuzwide
Bbobbolo bbobbolo, kubbolooka kwakalilo aakaya
BaMatongo baliwaala liti tamumvwi pe!
Zyoonse aawa nzyamuchuumunizi
Pesi toonse twakaziba kuti kuumuna oku kwakaamubuula
Mulilo uulya walota.
Achoo! Takuchikwe nikuba kaniini kalilo
Kuti mpali uchikkalila masizi aya?
Umwi awumwi walulama nkwazwa
Tukaliswiilizye tuvumbe nkoye
Kulasyaala nsizi lwezyo-lwezyo

Kagoma kati ndu-ndu-ndu

Naa kotali mulinzizyo,
Nduwe utanta chilundu koompolola,
Nduwe siluza lwiingi kolikuniaka,
Akuti iwe lwako nduwe chuundwe,
Chikusita iwe nditombe.

Mbuzibede nibulibusi kulinduwe,
Ulichita syaanasulwe uuzi loko,
Ulichita uuzi zyoonse,
Wazoti zyoonse zipatila muboongo bwako taziwo,
Lino nsikozooba mweenzinyokwe alimwi.
Iwe tozi zyoonse,
Ambebo oobuno tandizi zyiingi pe,
Nkaako yangu ngoma kiiti ndu-ndu-ndu,
Ililila mukati kiitayibuli zyabamwi pe,
Ningoma iiti ndizibe zyangu ndichite zyangu.

Leka kulikataazya azyabamwi kulizyako,
Linunke munkwa naa kwaba nchotazi,
Usume wako mulomo,
Naa wayanda kuumamuna langisisya aazwa kulinduwe
Zyakuzela gonkoozya yako ngoma,
Ukayuume koti ndu-ndu-ndu!

Zintu zili ambuzichitwa

Zyoonse zilaambuzichitwa
Taakwe chichitwa bunjilingene-njilingene pe
Kunjilingana-njilingana nduwe wasika
Kotawo zyoonse ngazili twaseme
Kakuli kulukana kwanchoonzyo
Kulukana kuzyala mpindu.
Kupa myeenya kulizyoonse
Naa wazimba mputa buche
Nkwakwani, chukka, maanzi, amakupa
Tovwelenganyi kazitanaatambulwa agoyooyo
Lino webo uyanda kumanka chukka mbulibede alilikke
Koti zikaswaananine mutumbu
Ichili mputa buche na njuwanywa eyo?

Aamba Luyando

Woonse mpundali kuyanduula meso mapenzi luzutu
Ndazelengana mbuuli simapenzi
Ndasika mpeti mabejo ayo
Ndazyatika, ndaana julu
Kuzooti gwagwaalala amwana waMoonze
Ndakataanguna kuunduzya wunduuzya
Zilayangala tulangan'azimwi
Biingi balikuti nkwalubbe kuyasana kwampongo
Ndichilyiibide lyakavuta bbayi
Bbayi lyaluyando wakalilekela lyati mpwa!
Nikuba kulibbadununa dokubbabbukizy'akkanda
Bamwi mbabo bakasiilwa makkwabbululwa, balichisa
Ndanengwa amungelo wakwaMoonze
Aawo teendakazi chitegwa kubula
Teemali pe njuwakatobela nikuba bbondo lyakwesu
Kkale-kkale sikundiyanda watalika kung'enyemuna
Kuvwandanuna zyakali mukati-kati kangu
Wanditondeezya aawamba luyando mansiku asikati
Ambebo mpundakali ndabundulata nkesichikubwene
Wakamunika kwasalala, sunu ndaba muumi

Sunu yalimbana minyaka uchili wangu
Twakiinda mumpati-mpati ziyoosya kochili wangu
Aamba luyando wakaayalila limwi
Mpuzyalikuma mpulyalikuzembesesya bbayi
Wali kundiponkoola amayando aatikimizya
Amoyo wako mulamfu walikutambula mububede bwazyo
Ndaleya, ndasweeka, akukachilwa
Ndilabisy'ateelede, chimwichiindi kuzimisya
Woonse aawo ulazima aali luyando wabbantika
Moyo mulamfu ngwakuti ndilasanduka

Nkendichebuka musule

Nkendichebuka musule mundazwa
Zibili zikolokolo zyakachitika mubuumi
Zibili nzeti zindipa lumwemwe
Chitaanzi oobuya buunsi mbuwakanditi manema ndakuyanda
Chabili nduwakazumina kundijikila nsima
Kuziyeeya biyo ngandalifwiinsya
Kuti nchobeni ndakaambaayi ime kambwang'uloobu?
Kukwata maanz'amwana aali mbuuli nduwe boobu
Undipa mweebwa, undipa mantukwe
Wakujulu kakkede katuzulwidide
Atupe luzundo mbuli mbaakandipa nduwe
Aalinduwe ndili kkanda!
Luuwo luunge kutyeni!
Aanze mpeyo ikwembe biyeni
Mpobede andime mpawawo mpenamatide
Amajwi ngayaaya masyoonto-syoonto
Nditi ngatube abuumi bulongezegelwe.
Bwangu bulangilizi kuli Wakujulu majilisimu aatagoli
Iwe kochili wangu!

Manego mabisi

Ngwani wakalyide nego,
Jeemujeemu tulabonwa toonse tulimukati,
Lisakasya mate zyakuti nuwalibona ulaloka nte,
Ndileeli lilamulolo muteteete?
Aanego mpawo aalimulolo uutasesemyi pe,
Pesi aakulibikka amusimbi zyaba zimbi!

Nwaakwamuna mpanzi yajeemujeemu,
Nwaaliti golo mumulomo,
Aalede moyo twaabuli pe,
Nwataliluma munwe ulaliluma mulomo,
Aalibobo ngakwayanda nkolikunwida maanzi.

Pesi kuti walijana kalichili bbisi,
Kalichili kamweemvwe,
Ndiindilyo nditwaamba kuti ndibbisi.
Kukuliti golomumulomo,
Mputi pwaa pwaa mumulomo,
Ulamvwa nomwini kuti lichili bbisi.
Naa kuti tulolo twakkona ngatumanina mumeno.
Linona busyoonto biyo mpawo ngawazoomvwa kukkaya-kkaya
mukanwa,
Ube sikulanguula maanzi kuti kufwambane kumana.
Kulya manego mabisi nkulyida bulyabi.

Lino nobakwesu nyika yasika kumamanino,
Nchiichicho cheetelezegwa akuchijanina manego mabisi.
Makwatano adunsulwa amanego mabisi
Luzubo lwajiigwa ayooyo wasala manego mabisi,
Nikuba milimu ilikumana amanego mabisi,
Tulikukanywakanywa akuchijaanina zitana bizwa.
Mwandifumina nguwe banyina aaMwamuka!

Kuzyiindulula

Ndakalikuliseenia mebo nkenchili kuchikolo,
Ndakalikuyanda kulibonia kuti ndiindime bbabbani,
Nkelikankayizya kuti kulindiswe tatubuli pe,
Ngwani wakazi kuti batabuli mbazyali,
Ibwangu buumi mbubwangu.
Bamwi nkabalikulya bbuku,
Ime ndakalikuliseenia.
Neema twanonezegwa!
Twalabila-labila katukkuta,
Chasika chiindi chakulemba misunko,
Neema ndabandime sikusandula mibuzyo,
"Wakalikuli bamwi nibakalikulya mabbuku?"
Zyakali kunoondibotela kumvwanan'angonzi muchiindi eecho,
Nikuba kuyoobweza butebuzi bwangu tendakiinka pe,
Ndakalizi kuti taakwe chakazwa,
Ndakanzooti kubazyali;
"Muleke ndiindulule!"

Bumwi buumi

Kuli bumwi buumi,
Bwiinda kuti ndakwatwa,
Kuli bumwi buumi bwiinda kuti ndime mukamwana,
Bwiinda kutegwa nduwe banani.
Buumi mbuumi!

Ikwiitwa aalya banani akulako mbuubumwi buumi,
Kutegwa ndeende nkuukumwi akulako kupona.
Naa twasika aawo tachaambi kuti takuchikwe bulangizi pe,
Naa wazifusa tazyaambi kuti wabusweekelwa,
Ndaamba kuti kuli bumwi buumi!
Mutawidi nikuba kuwidwa atumwi
Nkaambo baamba kuti tokwe choolwe,
Nikuba kuyoowa kuvwikkw' aamwi akkoswe,
Bamwi bakavwikkwa anzizeezi,
Twakabavwikka nkabali bawumi,
Nikuba amazina aabo tatuchiwazi pe.

Wasowelaanzi bulangizi?

Wabonaayi kubona mvula oobo mboli chuuka,
Nikuba nkalitwa mwaaba iwe ulachija.
Tombe lyaba chikanda chamubili,
Inzi zilikuyindilana kweemuzya.
Kubona wazumizya kunkemuuka kuliboobu?
Kundyato kubwezelela tubweebwe munzila,
Wo maala amana nsangu amasokeesi,
Zisamo zichita aanga nizichimana kwaachwa.
Peepe amaanzi pesi amukotwe wankuku.
Wo meno bakwesu tazyambiki!
Nkwaasama luzutu,
Nikuba bbule tasiki pe,
Eezyo nkwa chisyeede biyo nimvwinyu,
Uyeeya kuti kulilangilaansi njinjiyo nsandulo?
Zyakachitika-zyakachitika.
Nyampuka ulikunkumune ube aabulangizi.

Makkobili

Koona nkukkala kabotu,
Kubiingi koona wabamulandu, kwaba kulibeteka.
'Ani makkobili wakatolayi?'
'Ani ulikwaabul'oolike biyeni?'
'Ibana babamwi ate bali mubunone,
Iwe niinzi zyachita ikuti utajati nikuba aali?'
Kwiinda kuti ing'onzi zikuswaye,
Mibuzyo njiyeyi njiyo mweenzu,
Meso achite aanga alabbotoka,
Kuzijana zyamankonono kulalweza,
Wabasikulibuzya 'Mpaali mpendili kuleya?'
'Ani ndayelede kunjila aayili?'

Ooku kulibeteka akubulika kwamakkobili,
Ngawazooyeya kuti amwi ibalaamakkobili mbibali mutaleeliya,
Nkolikuyeeya kuti nkukuko akulike kuli zyakujata angunzu,
Peepe, utateedi kubotya busyu balimutaleeliya nkujata,
Nkoti bwabo buumi bubapa ng'onzi mbotu,
Naa makkobili avula kubika zitanda mumeso!
Anga kwazoosika zimwi zyamandana,
Zilakanga boongo, zyanenganenga zyamena.

 Tulaampaampa nkatulikuyandula ndilyo kkobili,
Twaezya kujata echi echechi chinga chilapa chuuwo,
Chuuwo chaba, we uyeeye kuti zyachita,
Iswe nkatutazi kuti taakwe chachita pe,
Lwiimbo ndundulo,
Nikuba waliti ndeendime sikulyimya kulya.

Ani ngwani uunga ulabukkala bwaka nsabila?
Mutandeeni pe nkamuti mbaShaba,
Nibayandawula makkobili achita zyakufwasuuka,
Mbimuti bo aamali tabayowelwi pe,
Ndilababona abalabo nkubabede busiku mbulamfu,
Wafwa ngunguwe luzutu walyookezya, nkwaaya nkuko kulamfu,
Iswe ndendiswe twasiilwa eelyo lyakubula ng'ozi,
Nkatuti mbubeend'oobu, kwakkalwa.

Ulilaanzi?

Sunu kuba lyasunu,
Pesi kuyoosika lyajuunza linoli lyaba lya jilo,
Lyajuunza lilasika mpulitegwa sunu,
Juunz'asunu zinoli zyaba jilo azilazyo,
Pesi ijilo takoyoofwa waba sunu nikuba ijunza,
Nikuba kuti sunu libe juunza.
Pesi jilo, sunu ajuunza zizooba nsiku,
Tunolitondeka biyo kuti kwakali,
Nikubaboobo kujana tunonoono twachiindi twamana sinzo
lyasunu na?
Pesi tunonoono twansiku kubona twimana na nkosya yasunu?

Ndiikuti beleka zyachiindi eecho muchiindi nchicheecho,
Utayumbili ooko nkoti ndizoochita boobu,
Zyachitikana zyachitika chiindi tachiimvwi pe.
Nwayimikila nkoti leka ndililile,
Nkolila zyasunu.
Sunu alimwi lilaba jilo,
Nwaalila zyajilo,
Ijilo alimwi zizoba nsiku,
Ijilo ansiku tazikonga zyaba sunu nanka kuti juunza,
Animpo ulokulilil'aanzi?

Aali?

Aano anikuba koonse kulapya,
Ndilyate aawa nikuba ooko nkupya luzutu,
Ndilyate aali?
Ndilyate na?

Mpundati bweza ime ndachaazya dindi,
Ndakwaambila alimwi kuti nkoboozya eelyo dindi lili kulinduwe,
Ani mpoo tubweze aali?
Tusiye aali?

Chilya mbulu moyo,
Lino moyo waba sikulya kubili,
Tuwuchite biyeni moyo ooyu?
Twaambe kuti aano na?
Twaambe kuti awoo na?
Okuno naa kuti ooko?

Moyo ooyu tuyelede kutoombya pe,
Nzuuyanda kukakatila,
Tuyokasya luzutu zwesu,
Tuyoosimya ndileeli.

Zuba lyangu pati

Tobiingi twakali twajalisya eechi chibanga,
Nikuba ambebo ndakali ndati takuchikwe chichisanduka pe,
Pesi ndakazoyiiya kuti tutatedi peepe,
Naa mwani zyoonse kachaamba kuti mbubo,
Aawo mpoti lino ndagola, ndamaninwa,
Mpimpawo mpotegwa lino nyampuka ubotelwe,
Mpuwati nzila yayuma ndagolelwa,
Mpali uunga ulilangide nkasekelela, nkamwemwetela,
Nkalookuti nwaatazyunguluka biyo, ibuchi amalili zilafwiifwi,
Nonzubo sunu mweenda mubuchi amalili,
Nonzubo sunu ndimukubotelwa.
Nobakwesu sunu ndaswanizigwa awangu no one,
Mundibonie kukonzya kwaSimajulu,
Wangu mulumi ndilamufugamina,
Wangu mulumi ndinoowupa lulemeko,
Wandipa mantukwe, wandibotezya.
Aliboobu anga uchiyandaayi?

Inwe baama bangu

Nomamama nzimuswaana nzipati,
Mulanjila akuzwa muliziyoosya zipati,
Mulazwa nkamunyampwide ndembela yampuli zyenu,
Mulatufukamina mumababa eenu,
Nindatamulumba baama ampumwakiinda,
Nkenabbwa ensamu iisiya mibunda,
Nkenchili kansalila nkaatakwe nchezi,
Ndeende wakayola twakwe, kwakaba nkokutusiya,
Mwakasyaala nkamutaakwe wakuyaama,
Pesi niziba boobu mwakazyiiminina,
Mwakasala kunyampuka aakati kabamwi kuti musalwe,
Mwakamvwa akuniakwa akusulwa,
Kuti mwanakazi wakuli ulela bana bataakwe wisi,
Aano munwe uumwi tawupyayi njina,
Kuti mukati nee ime ndimwanakazi uyipyaya njina eeyo,
Inyika tiikwe luzyalo kuli balimbuuli ndimwe bamwi,
Langa liso liti tuyanda kubona nzyatachite,
Tuyanda kubona nzyatabape bana aabo,
Pesi mwakazikaka, mwazisampawula,
Mwakandipa buumi butakwe nikuba muulo.
Buumi bwakali bwamusotoosya,
Temwakachilikuyeeya, zintu nkazili zyaba syaantingaminimini,
Mwakakaka kukopwa kopwa, akupyopyonganisigwa,
Mwakabbindawuka kuti nsitandwi kuchikolo,
Tachiwo nchindakabula pesi inwe nkamulikulyiinya,
Kujana kwangu kwakali kubula kwenu,
Baama mwakandipa, mulandipa buumi,
Ambulisunu tamukatali,
Luyando lwenu talweeli!
Ndilamuyanda baama,
Ime wenu mwana Tokoza,
Ndizomuchitila zyoonse, ndizoyanga yanga.

Kambwanga walya

Kambwanga sunu oobuno walya alakwe,
Ijilo bakalikumuseka nkabalookulumina,
Sunu walikulumina zyabakulinguwe alakwe,
Ani tee bakazyaamba bakati nkuubusi,
Bakalikunoonga baamba kambwanga ooyu,
Sunu mulange boonse bamweemuzya,
Alakwe wab'amweebwa mupati.
Wafunkuny- funkunya zimwi nkasowa,
Iyii kabi, chitamani chilalweza kabi!
Mapenzi woonse kulindiswe azima abamasizi,
Nkaambo bakambwanga balya abalabo.

Ndaleka

Sizi nywe, ime ndaleka!
Peepe, muchite amulikke ime nsichimo,
Mulilo mubotu nguulaachikko.
Nkaambo nikuba nyemu tulazibizisya,
Ubikke mumatebwe zinoli zyaba zimbi,
Ani kuzodiimizya muliso?
Ime mpyu! Nsichiyandi,
Bwangu buumi ndichibuyanda,
Sizi nywebo ime nsilimpelenge pe.
Ndabizwa.

Nkuziya ndazibona kale,
Kuchenjela kwangu nkuleka,
Ndilikuti ndasakwida, ndatikimuna.
Ndilachija abwangu buumi.

Mutupe tulye

Naa nkakali kasimpe, mutupe tulye
Nkatulikumunkonyana, nkatuntentenia mala katedi ndaa!
Naa nkakuli kubeja musise lyoonse,
Nsizi naa zyazojana wiinda mpawo,
Nkatii mutupe tulye,
Nkachili nchiyandisyo ndati mundipe kaka,
Mupedekezyane nkazizwa ooko mane zisike aano,
Tuunantule, mane bula bundandamuke
Ikuti nkuuli musamu usilika buchete mutupe tunyeele,
Tunyeele-nyeele tusunsye nsima,
Taakwe wali wamvwa kuli muyanda usilika bbivwe na?
Mwiijana mutupe andiswe ookuno,
Mutupe tulye tuvube juunza,
Zyoonse zyawololoka lyoonse.

Zyakulijatila

Buumi oobu mwanaangu buyanda zyakulijatila,
Tazili mukulibbizya nkoliikuvununa mabbuku pe,
Naa wachita cheendeende nkotakwe nkolangide chooma,
Taakwe lukondo pe,
Nwaabula lukondo, wabula amaponeno,
Muntu nguulya ubotelwa botelwa,
Ooku nkakuli nkowaala zyaambuzyo,
Uzibe nkuwakazya,
Nkakuli nkuwala tusimpi,
Nkochili aatusimpi ngawazoyeeya kupya kwandezu,
Wazwawo wataalukila kutulabiko,
Aawa mpimpawo mpokaka kukkala nkosulukide,
Nkakuli nduboko, ukkake kukkala nkojisi mweebo,
Aasundilwa iwe chija,
Wapampukila tulobyo okuya unooli wapampukila limwi,
Nkaambo buumi buyanda zyakulijatila.

Naa kasabe kasika

Naa zyabuka anga keendelezya,
Ime lyangu ndinoli nsicheendelezyi,
Ndamana nguzu,
Ko katalika malamina aako katalika kundifugamika,
Aawa ngatakuchikwe nchechichita pe,
Kalazwa kandizungania zilaanguzu,
Andime ndajanika zyuungu-zyuungu nkandikutobelezya,
Kunze kwakuchita muzike wako.
Mpawaawo kanooli kawunga biyo,
Aawo nkandili ndabukkala,
Ime wankuko nkesikwe nikuba mayubilo,
Kasika kayasa munyama ntete,
Ime ndati landat'ansi, ndaba muzike,
Anga kasika,
Ko kasabi kakulemba tupeto.

Lwiiyo

Naa nkatuti wayiya, unooli wachitaayi?
Wayiyaanzi chitegwa ndwiiyo?
Kuti lwiiyo nzizyo zitegwaanzi?
Chikolo chakuchikolo nchinchicho chitegwa nchikolo,
Uutegwa wayiiya unoli waya kuchikolo na?
Waya kuchikolo unoli wiiya na?

Ani tuyiilanzi, ina ndibuzye?
Mwatyeni?
Muyanda kuba baSyangwilima?
Mwati muyanda kuba bamejasitiliti, abasilutwe bamakkampani na?
Ndamvwa oobotu na, naa kuti ndindime chuundwe,
Nchenchicho chikolo nchankuko baasa.

Ime nditi peepe,
Tuyiila kuti tube bantu,
Tube bantu balaabuntu bakazwa kubantu,
Awa mpawo aayimvwi lwiiyo,
Waba Syangwilimba naa kuti mejasitiliti utakwe buntu,
Lwiiyo lwamusyobo ooyu teelwiiyo pe,
Lwiiyo mbuntu bulaabuntu.

Lumwemwe lwakwe

Ooyo unga wati nzo lino,
Mpawaawo wazwa wasindikila alumwemwe lwakwe,
Uchitaanga ulafwinyina-fwinyina,
Ubaanga ngawazootinya kiso,
Nikuba boobo ani ndumwemwe biyo waba sikubona zitawo,
Nikuba kuti wali waamba kuzilika,
Naa wazoti mwee ulaputuzya,
Nikuba kuti wabona, abulangizi wasowa,
Ulabona mudima woonse wamwayuka, kwaba mumuni,
Nikuba nkalilipenzi ngalyayaamuka akuchija,
Aawo unoli wawalilwa lumwemwe.
Ani we lwako nomwini,
Mpawawo ulamvwa mubili watalamuka,
Bulowa bwazwa bwati ndilakkalilaanzi kuchijaana koonse
kuchijanika,
Ooyu moyo tee kuuma malweza,
Wazibula zyakuchita,
Wachita kujataata awa awawa,
Wasitedi aawa, wasiya,
Eezi zyoonse zilokweetelezegwa alumwemwe oolu,
Nga dyaalumi lyamuntu lyaba kansalalila,
Liyanda kunyonsegwa nikuba kuti bbaabbu.
Nobakwesu!
Lumwemwe lutegwa ndumwemwe ime ndiluzi loko.
Ime ndawumuna,
Moyo ndajalila muchaamba,
Chaamba chilimunsi aadundu,
Kutabi uujatanisigwa amuzuzumina wamvula.

Mulimu maboko

Limwi zuba ngwawazobona misozi mokoto!
Kwategwa milimu iliikutuzweeluka,
Walibuzya kuti penzi niinzi?
Naa kaali meso wakiilikizya,
Maboko wakakkalila,
Mulimu nomuyandwa maboko,
Peepe syaandaba akkampani yakwe!

Tutanoolili beenzuma,
Tutaanzojata-jata zitakwe mweelo,
Mulookusiya zilaampindu,
Mpindu ilimumaanz'ako,
Leka kuyeeya kuti undipa mulimu ngwani?
Uyanda kupegwa mulimu, kuti ninsima na?
Nikuba insima lwayo, niyakupala nga wakulyiimikilila aachikko.

Ani teendinwe na nimwakalya mabbuku?
Iwe ulokuti lwiiyo loonse oolu nkundandamina milimo na?
Naa miyeeyo yamonywa, kwiimonyonona kulakataazya,
Badyaamizyi bakeetelezya kaka!
Takuchikwe uchikankayizya kukonzya pe,
Bachilakuti ndiyanda zyamakuwa zipa mali nyingi,
Utola bana bangu muzikolo zilajulujulu,
Tulapya mumoyo kulibweza,
Pesi kutaziba nkukulichitya bazike,
Bwako buumi alwaangunuko wawuzya,
Kutaziba kuti aako maboko,
Ulakonzya kutola bako bana alunyungu loonse kuchikolo.

Nsichikwe nguzu

Ani ime nga ndilachitaayi zwangu?
Ndakali ndeezya kutonta aatonteka,
Ndakakwamuna aangu akwamunika,
Manguzu kwawo nsichikwe,
Ndakasisakwide sakwide,
Ndazoobona bulimo tabuchili mbubo, tabumani pe,
Peepe tamuteedi ndatakata inee,
Inguzu zyamanwa amanwa abantu benu,
Iyii ndakali ndatakata,
Nketi ndafutata amwi nkwalikunotilimukwa biyo,
Pesi taakwe, zyakazoindilila biya
Zyakazooti mbukwaka takatwa aano zyabota,
Kaaze naaswaya aano tukoswe twasotoka sotoka,
Iiyi ndakeezya kulipasyapasya,
Ikumuluma kumatwi kuti mwasweka,
Pesi ndakaambila bbwe,
Ndeezya kusiminina kusikila ndamana manguzu,
Sunu nkaziyelene zintu zyoonse maboko ndikakililide,
Tubone nkuzitazoogolele,
Iswe bona twakali kwaamba biyo, tuyimvwililide zuba lyesu,
Nitutazootii twakali kwaamba.

Yunu-yunu kuyuna

Zimwi nkatunga twazoyuna-yuna,
Eeziya zyakuti nzitutazi tatuchebuki mulasyaliila,
Wayinda asambalilwa mabbeelo,
Ayebo ulalyiinzya-yinzya wasondela,
Chimwi chiindi ulajata nzyokonzya kuula.

Wamvwa kulokuchita mayowe-yowe,
Langisisya ayebo ukawule,
Chimwi chiindi kwavutuka mulilo,
Izyakuti ime ndigolela alizyezyisiya,
Chimwi chiindi ulikuululikila mumatope.

Wamvwa chati choko chebuka,
Utayowi bati ulachinongomena,
Nyampuka ukayune,
Chimwi chiindi mung'anda mwanjila sinkondoma.

Wamvwa chakununkila chakusika kumoyo,
Peepe kuti 'bani ng'anda bazobamba oobotu'
Nyampuka usandamune zintu nkolikwaamba kuti aano yunu
awoo yunu,

Anga uzojatwa munyama wazoobona malweza,
lyangu ndileeli limwi,
Lyakuti zimwi azilazyo nkotii yunu yunu nkuyununa,
Nikuba mebo ndiyanda kubona kuti ulatondezegwayi?

Zyasunu nsikwe

Nkamumubwene oobu,
Mubuzye aatala azyajilo nikuba zyakiinda,
Ulamulungunwida makani'akachitika,
Ulamwaambila kuzwa kumatalikilo kusika kumamanino,
Mubuzye naakuti nkamuyanda kuziba kuti nkondo
yakatangunw'ani?,
Ndatii naa nkamuyanda mubuzye kwakafwida basilumamba
boonse,
Naa nkamuyanda mubuzye beendelezyi bamanyika oonse,
Ulamwiimbila bakeendelezya mumunyaka uuli awuli kunyika iili
ayili,
Mwaambile ikuti ikwasunu ulajata aali alimwi ulalyayi?
Yakwe nsandulo njimwi biyo,
Zyasunu nsikwe!

Lyabbila

Lyasunu mpulyamanina,
Twasansamun'asansamunika twasiya zyajuunza,
Izuba lyabbila,
Andiswe tulatobela kuyolazika masey' amisegelo,
Pesi muchiindi eechino umwi uliikupatamuka,
Balikuti lyabo mpulitangunina,
Nkakutali boobo umwi ulikulila kale,
Pesi nkunkuko kuti baande munyaama mung'anda,
Eecho chijatwajatwa tobamwi nkazili zyatubba nii loko?
Sizi ooko tuyozijana kuli?
Iswe tamutubuzyi, nimwazoyanda kubuzya,
Do kamuyanda kubuzya ataala aziloto zyesu biyo.

Wategwa...

Wategwa wachita boobo iwe weelede kuchita oobu,
Aboobo iswe tulakuchita oobo,
Mbuuli mbuwachita oobo,
Taachikwe ngotakatamizye kuti wati,
Zyakuti kaansinga ndakachita oobo,
Takuchikwe nzichaamba!
Ulalila olikke nkuti Mayoo!

Lume

Wamvwa na nzyaalikukubuzya?
Ulabuzya zyoonse muzuba taanzi lyakukumbila,
We lwakwe waamba biyo kuti ndakuyanda,
Mpawawo alakwe wakuti ambe ndakuyanda,
Mpati nee twabonana noone wangu alibe lyajuunza,
We mpati inee ndikkal'andikke tweende kwangu,
Aawo utayimikili pe, ndume.

Waba mpuwo mudolopo abasankwa,
Waamba kuti boola, yindaano tulakujania mulimu,
Bamwi bati tulaamadili emali iitegwa nimali,
Nwawamvwa nkabati iwe ujisi madili aali biyeni,
Utupe mpawawo madili ayende,
Ndati teente oolo ndume.

Wategwa peepe mang'anda aano mpamuunzi wako,
Waambe kuti mundipe mapep'atondezya mweni ng'anda,
Ngabatalika kuyubayuba nkabatayandi kulangan'ayebo,
Aawo nkabalokuchijania kuti kkala wagwisya kaambya,
Aali boobo nyayilwa ubweze twako waambe kuti ulaboola,
Ndume oolo chija.

Mulayandana zyakuyandana kasimpe,
Makkona woonse aamuchisi alimwizi,
Ndisimpe basokwe mbamwi,
Wamwaambila ikuti atuswanane abakulindinywe,
We wasikulyatalyata mazuba nkaalokwindana,
Iwe kaka, bbwazula ndume kabi yaye.

Zyaambo zyakwe zyoonse taakwe zidondolokede pe,
Zisesemyo azisesemya nkuko kulya kwakwe,
Tayoowi pe kuti mwanakazi nanka mwaalumi wani,
Iwe ulamusekelela nkoti nkutwazwa nkuko kule,
Ngoyo ngunguwe ukulanguula kung'anda ampazi koonse tuwo,
Teente tedi nkulume kutwi,
Ndume oolo chija nkaluchili kule.

Aamwi

Twakali kuti tulaamwi,
Aano mwakali kumwi.
Iyi basokwe nga mbambi,
Anduwe wakabula beenzinyokwe bamwi,
Nguwalisenia we ngunguwe wachita tukuyeeyele zimwi.

Amwi ndendiswe nitutalikubon'amwi,
Aano pe,
Kuchita kwamuuzyi akwenu,
Nkumwi!

Naakuti amwi,
Ndiswe twasowesegwa abakwesu bamwi,
Bapa kuti tuyeeye zimwi,
Bo balankubalangide kumwi.

Muchite

Ndatii muchite zwenu nkamuti:
'nee tuliilya nyika'
Mutebule zwenu nkamuti:
'tutebula mumuunda wandeende'
Mubbompe zwenu nkamuti;
'twakali lundila bbola lyamapepa'
Mupole zwenu nkamuti;
'twakalima atulikke'
Nkakuli nkumonsa, mumonse zwenu nkamuti;
'inkuku twakalivubila'
Nkakuli nkweenda, amweende zwenu nkamuti;
'ndiswe bazi nzila'
Muchite zwenu!

Pesi naa yalya ndinywe,
Naa kuti mwatebulwa ndendinywe,
Naa kuti mwabbompwa ndendinywe,
Naa kuti mwapolwa ndendinywe,
Mwayokwa aakumonsesya,
Mwasyala aantanganana,
Ndendiswe twaamba kuti 'twakalaambide'

Naakuti mwayaswa,
Naakuti mwayaswa amampangala,
Ndatii naakuti mwayaswa alwaale mpawawo,
Mutaboboli pe!
Mutateedi mutusongole.

Ani zyaba zili?

Zyagambya zyagambya,
Sizi sizi
Twakazitambula,
Ani tuchizi nzi?
Nzyameso,
Mulomo twakajala.

Amundiswiilile

Inywe nimulyaala,
Nimuliti ndiswe bankayile,
Mwaamba kuti kukonzya kwenu ndinwe?
Mpolyatide aawo waamba kuti nduwe?
Amundiswiilile!

Nga ulab'ankasalo zitanali?
Pesi aawo mpolyatide tee nduwe mukonzyi pe,
Ziba chintu chomwe.

Anii mpo?

Anii nakalindu wangu?
Meso abboloke na akubbwazula?
Ndabbwazula ndabbwazula kabi pesi ndibbwazulila zitawo,
Nketi amwi ndilabona wasika,
Wazaawe mukwaansa uuwuma nkwasi,
Matwi ndajula nkendokumvwa Bbo! Bbo! Bbo!
Mbwabbobbozya oobo nkwasi tee wabizwa,
Naa kuti wali muzhanje, nwaakamana kukuba.

Anii mpo mwanaangu?
Ndiitwe lya sianene zimanina mumichova na?
Ookuya kuli woonse uuti aano 'banene' aalya 'banene'
Ndayanda kabi uusika nkalemenedwe tusu,
Uuza bubinga mukwiizyo,
Anii mpo mwanangu?

Mwaka mupya

Twanjila mulinguwo mwaka mupya,
Ndacheba mukuyanduula eecho chipya,
Mbo, antela ndime niinsiboni,
Mputwakali kuti 2014, twaachakuti 2015,
Mpundakamana mwaka ndakal'akamali,
Lino ndaba njombi.

Nkatucheend'amichova,
Mazuba aano tulikulyata,
Tulyat'azyo mota zyaSimajulu,
Zidindidwe inambapuleti efu zelo zelo ti (F00T)
Pesi nkoli wasika zwako.

Mputwakali kuti tuyi twachikkuwa,
Inee twaachakulalila chamakkanda,
Ngatwalumba nkaambo kuli balokulalila maanzi,
Lino ooyu tuyakundandamina kumwi abamwi,
Nikuba kuti mbwatata aang'anda zwesu!

Ngunguwo kabi munyaka mupya,
Zizomana na zipya?
Sizi ooko kulindinywe.

Kulumba

Lweendo lwakulemba,ndweendo lwabantu biingi ulakonzya kukkala aansi
mpawo walemba awulikke,pesi zilukwa aapepa mbuumi.Buumi
bwamuntu mubantu,buumi bwakukondwa,kubijilwa,kusyomeka,kaziya.
Tuchaala katuti sikweema Ushehwedu Kufakurinani,pesi basikweema
mbaabo bakeenda lweendo lwabuumi anguwe.Aboobo, kulumwa mpuli,
baluzubo abeenzinyina beenda lweendo lwabuumi andime.

Aatala aasikweema

Ushehwedu Kufakurinani wakazyalwa kuBikita kuchibbadela chaSilvera mumunyaka wa1982.Ngusikubwanta aaYunivesiti yaSussex.Wakachita zyiiyo zyakwe kusika kuchibaka chaPhD aaYunivesiti yaZimbabwe. Wakayiiya lwiiyo lwaansi kuBata Primary.Mpawo wakazoyiiya kuLoreto nkwakayiiya zyiiyo zyakwe zyakusekondali.Ulachiyandisyo chakweema tupeto tulampalamo zisiyene siyene.Alubo ulachiyandisyo chakweema mumilaka yachintu.BaKufakurinani balatupeto twiingi tujanika mumabbuku Shoko Harivhikwi,Gwatsvira, lyaTupeto,aHodzeko yeNduri.